Java

Sommario

Java 1

Premessa 4

Capitolo 1: Perché Java? 8

Capitolo 2: Come funziona? 13

    Le classi 16

Capitolo 3: Installazione 23

    Installare la JDK 26

    Linux 28

    MacOS 31

    Windows 34

Capitolo 4: Prima applicazione 37

    Configurare l'IDE 39

    Eseguire il progetto 42

Capitolo 5: Struttura del programma 43

    Classi 48

main() 51

Capitolo 6: Oggetti e variabili......................56

Variabili...59

Capitolo 7: Componenti 62

Ereditarietà 66

Relazioni..70

Capitolo 8: Package e visibilità...................72

Visibilità 77

Capitolo 9: Una versione migliore...............81

Costruttori..89

Eventi 95

Premessa

Questo libro riguarda il linguaggio e l'ambiente di programmazione Java. Che tu sia uno sviluppatore di software o semplicemente qualcuno che utilizza Internet nella tua vita quotidiana, hai senza dubbio sentito parlare di Java. La sua introduzione è stata uno degli sviluppi più interessanti nella storia del web e le applicazioni Java hanno alimentato gran parte della crescita del business su Internet.

Java è, probabilmente, il linguaggio di programmazione più popolare al mondo, utilizzato da milioni di sviluppatori su quasi tutti i tipi di computer immaginabili. Java ha superato linguaggi come C++ e Visual Basic in termini di domanda degli sviluppatori ed è diventato di fatto il linguaggio per certi tipi di sviluppo, specialmente per i servizi basati sul web.

La maggior parte delle università ora utilizza Java nei loro corsi introduttivi insieme ad altri importanti linguaggi moderni e forse stai usando questo libro proprio per questo scopo!

Questo libro fornisce una base sui fondamenti di Java. Abbiamo tentato di essere all'altezza del suo nome mappando il linguaggio Java e le sue librerie di classi, tecniche di programmazione e idiomi. Approfondiremo le aree di interesse e vedremo almeno alcuni argomenti popolari.

Quando possibile, forniamo esempi convincenti, realistici e divertenti ed evitiamo la semplice enunciazione di teoria che porta ad una perdita di attenzione da parte di chi legge. Gli esempi saranno anche semplici, ma suggeriscono cosa si può fare.

Non svilupperemo una fantastica "app killer" in queste pagine, ma speriamo di darvi un punto di partenza per molte ore di sperimentazione e programmazione, in modo da ispirarti a sviluppare una app con quello che hai appreso.

Questo libro è per professionisti informatici, studenti, tecnici e hacker. È per tutti coloro che hanno bisogno di esperienza pratica con il linguaggio Java con un occhio alla creazione di applicazioni reali. Questo libro potrebbe anche essere considerato un corso intensivo di programmazione orientata agli oggetti e man mano che impari a conoscere Java, imparerai anche un approccio pratico e potente allo sviluppo del software, iniziando con una profonda comprensione dei fondamenti di Java e delle sue API.

In superficie, Java assomiglia a C o C++, quindi avrai un piccolo vantaggio nell'utilizzo di questo libro se hai una certa esperienza con uno di questi linguaggi. Se non li hai mai usati, non preoccuparti. Non fare troppe somiglianze sintattiche tra Java e C o C++. Per molti aspetti, Java si comporta come linguaggi più dinamici come Smalltalk e Lisp.

La conoscenza di un altro linguaggio di programmazione orientato agli oggetti dovrebbe sicuramente aiutare, anche se potresti dover cambiare alcune idee o dimenticare alcune abitudini, infatti, Java è notevolmente più semplice di linguaggi come C++ e Smalltalk. Se impari bene da esempi concisi e sperimentazioni personali, pensiamo che questo libro ti piacerà.

Capitolo 1: Perché Java?

Le sfide più grandi e le opportunità più entusiasmanti per gli sviluppatori di software oggi risiedono nello sfruttare la potenza delle reti. Le applicazioni create oggi, qualunque sia l'ambito o il pubblico previsto, quasi certamente funzioneranno su macchine collegate da una rete globale di risorse di elaborazione.

La crescente importanza delle reti sta ponendo nuove richieste agli strumenti esistenti e sta alimentando la domanda di un elenco in rapida crescita di tipi di applicazioni completamente nuovi. Vogliamo un software che funzioni in modo coerente, ovunque e su qualsiasi piattaforma e che funzioni bene con altre applicazioni. Vogliamo applicazioni dinamiche che traggano vantaggio da un mondo connesso, in grado di accedere a fonti di informazioni disparate e distribuite. Vogliamo un software realmente distribuito che possa essere esteso e aggiornato senza problemi. Vogliamo applicazioni intelligenti che possano vagare per la Rete per noi, scovare informazioni e fungere da emissari elettronici.

Sappiamo da tempo che tipo di software vogliamo, ma è solo negli ultimi anni che abbiamo iniziato a ottenerlo. Il problema, storicamente, è stato che gli strumenti per costruire queste applicazioni non sono stati all'altezza. I requisiti di velocità e portabilità sono stati, per la maggior parte, mutuamente esclusivi e la sicurezza è stata ampiamente ignorata o fraintesa.

In passato, i linguaggi veramente portatili erano ingombranti, interpretati e lenti. Questi linguaggi erano popolari tanto per la loro funzionalità di alto livello quanto per la loro portabilità. Alcuni linguaggi di solito fornivano velocità legandosi a piattaforme particolari, quindi soddisfacevano il problema della portabilità solo a metà.

Java è un linguaggio moderno che affronta tutti e tre questi fronti: portabilità, velocità e sicurezza. Questo è il motivo per cui rimane dominante nel mondo della programmazione da più di due decenni dopo la sua introduzione. Il linguaggio di programmazione Java, sviluppato presso Sun Microsystems sotto la guida dei luminari della rete James Gosling e Bill Joy, è stato progettato per essere un linguaggio di programmazione indipendente dalla macchina, abbastanza sicuro per attraversare le reti e abbastanza potente da sostituire il codice eseguibile nativo.

Java ha affrontato le questioni viste fin qui e ha svolto un ruolo da protagonista nella crescita di Internet, portandola al punto in cui siamo oggi. Inizialmente, la maggior parte dell'entusiasmo per Java era incentrato sulle sue capacità di creare applicazioni integrate per il web, chiamate applet. Ma all'inizio, le applet e altre applicazioni GUI lato client scritte in Java erano limitate. Oggi, Java ha Swing che è un sofisticato toolkit per la creazione di interfacce utente grafiche.

Questo sviluppo ha consentito a Java di diventare una piattaforma praticabile per lo sviluppo di software applicativo lato client tradizionale, sebbene siano entrati molti altri contendenti in questo campo. Di ancor più importanza, tuttavia, Java è diventata fondamentale per applicazioni e servizi web basati sul web. Queste applicazioni utilizzano tecnologie tra cui Servlet API Java, servizi

Web Java e molti popolari server e framework basati su Java, sia commerciali che open source. La portabilità e la velocità di Java lo rendono la piattaforma ideale per le moderne applicazioni aziendali. I server Java in esecuzione su piattaforme Linux open source sono al centro del mondo finanziario e degli affari di oggi.

Questo libro ti mostrerà come utilizzare Java per eseguire attività di programmazione nel mondo reale. Nei prossimi capitoli tratteremo diversi temi, cercando di fornire tutte le informazioni di cui hai bisogno in questo momento.

Capitolo 2: Come funziona?

Java è sia un linguaggio compilato che interpretato. Il codice sorgente Java viene trasformato in semplici istruzioni binarie, proprio come il normale codice macchina del microprocessore. Tuttavia, mentre il codice sorgente C o C++ è ridotto a istruzioni native per un particolare modello di processore, il sorgente Java è compilato in un formato universale: istruzioni per una macchina virtuale (VM).

Il bytecode Java compilato viene eseguito da un interprete di runtime Java. Il sistema runtime esegue tutte le normali attività di un processore hardware, ma lo fa in un ambiente virtuale sicuro. Esegue un set di istruzioni basato su stack e gestisce la memoria come un sistema operativo. Crea e manipola tipi di dati primitivi, carica e richiama blocchi di codice a cui si è fatto riferimento di recente. Ancora più importante, fa tutto questo in conformità con una specifica rigorosamente definita che può essere implementata da chiunque desideri produrre una macchina virtuale conforme a Java. Insieme, la macchina virtuale e la definizione del linguaggio forniscono una specifica completa. Non ci sono funzioni del linguaggio Java di base lasciate indefinite o dipendenti dall'implementazione. Ad esempio, Java specifica le dimensioni e le proprietà matematiche di tutti i suoi tipi di dati primitivi piuttosto che lasciar decidere ciò all'implementazione della piattaforma.

L'interprete Java è relativamente leggero e piccolo; può essere implementato in qualsiasi forma sia desiderabile per una particolare piattaforma. L'interprete può essere eseguito come un'applicazione separata o può essere incorporato in un altro software, come un browser web. Tutto ciò significa che il codice Java è implicitamente portabile. Lo stesso bytecode dell'applicazione Java può essere eseguito su qualsiasi piattaforma che fornisce un ambiente di runtime Java. Non devi produrre versioni alternative della tua applicazione per piattaforme diverse e non devi distribuire il codice sorgente agli utenti finali.

Le classi

L'unità fondamentale del codice Java è la classe. Come in altri linguaggi orientati agli oggetti, le classi sono delle componenti dell'applicazione che contengono codice e dati eseguibili. Le classi Java compilate sono distribuite in un formato binario universale che contiene il bytecode Java e altre informazioni sulla classe. Le classi possono essere gestite in modo discreto e archiviate in file o archivi locali o su un server di rete. Le classi vengono individuate e caricate dinamicamente in fase di esecuzione in quanto sono necessarie per un'applicazione.

Oltre al sistema runtime specifico della piattaforma, Java ha un numero di classi fondamentali che contengono metodi dipendenti dall'architettura. Questi metodi nativi fungono da gateway tra la Java Virtual Machine e il mondo reale. Sono implementati in un linguaggio compilato in modo nativo sulla piattaforma host e forniscono un accesso di basso livello a risorse come la rete, il sistema a finestre e il file system host. La stragrande maggioranza di Java, tuttavia, è scritta in Java stesso, avviata con queste primitive di base, ed è quindi portabile. Ciò include strumenti Java fondamentali come il compilatore Java, il networking e le librerie GUI, che sono anche scritte in Java e sono quindi disponibili su tutte le piattaforme Java esattamente allo stesso modo senza necessità di effettuare un porting.

Storicamente, gli interpreti sono stati considerati lenti ma Java non è un linguaggio interpretato in modo classico. Oltre a compilare il codice sorgente fino al bytecode portabile, Java è stato progettato con cura in modo che le implementazioni software del sistema a runtime possano ulteriormente ottimizzare le loro prestazioni compilando al volo il bytecode in codice macchina nativo. Questa tecnica è chiamata just-in-time (JIT) o compilazione dinamica. Con la compilazione JIT, il codice Java può essere eseguito velocemente come il codice nativo e mantenere la sua trasportabilità e sicurezza.

Questo è un punto spesso frainteso tra coloro che vogliono confrontare le prestazioni dei linguaggi di programmazione. C'è solo un punto a sfavore per le prestazioni Java: il controllo dei limiti dell'array. Tutto il resto può essere ottimizzato per il codice nativo proprio come può essere fatto con un linguaggio compilato staticamente. Oltre a ciò, il linguaggio Java include più informazioni strutturali rispetto a molti altri linguaggi, fornendo più tipi di ottimizzazioni. Ricorda inoltre che queste ottimizzazioni possono essere effettuate in fase di esecuzione, tenendo conto del comportamento e delle caratteristiche dell'applicazione effettiva. Cosa si può fare in fase di compilazione che non può essere fatto meglio in fase di runtime? Bene, c'è un compromesso: il tempo.

Il problema con una compilazione JIT tradizionale è che l'ottimizzazione del codice richiede tempo, quindi un compilatore JIT può produrre risultati decenti, ma potrebbe subire una latenza significativa per l'avvio dell'applicazione. Questo in genere non è un problema per le applicazioni lato server, ma è un problema serio per il software e le applicazioni lato client che vengono eseguite su dispositivi più piccoli con capacità limitate. Per risolvere questo problema, la tecnologia del compilatore di Java, chiamata HotSpot, utilizza un trucco chiamato compilazione adattiva. Se guardi come i programmi impiegano effettivamente il loro tempo, scoprirai che spendono quasi tutto il loro tempo eseguendo una parte relativamente piccola del codice più volte.

Il pezzo di codice che viene eseguito ripetutamente può essere solo una piccola parte del programma totale, ma il suo comportamento determina le prestazioni complessive del programma. La compilazione adattiva consente inoltre al runtime Java di sfruttare nuovi tipi di ottimizzazioni che semplicemente non possono essere eseguite in un linguaggio compilato staticamente, da qui l'affermazione che il codice Java può essere eseguito più velocemente di C / C++ in alcuni casi.

Per trarre vantaggio da questo fatto, è stato creato HotSpot che sembra un normale interprete di bytecode Java ma con una differenza: misura (profila) il codice mentre è in esecuzione per vedere quali parti vengono eseguite ripetutamente. Nel momento in cui sa quali parti del codice sono cruciali per le prestazioni, HotSpot compila quelle sezioni in codice macchina nativo ed ottimale. Poiché compila solo una piccola parte del programma in codice macchina, può permettersi il tempo necessario per ottimizzare quelle parti. Il resto del programma potrebbe non aver bisogno di essere compilato affatto, ma solo interpretato, risparmiando memoria e tempo. Infatti, la Java VM può essere eseguita in una delle due modalità: client e server, che determinano se enfatizzare l'avvio rapido e la conservazione della memoria o le prestazioni. A partire da Java 9, puoi anche utilizzare la compilazione Ahead-of-Time (AOT) se è necessario ridurre al minimo il tempo di avvio dell'applicazione è davvero importante.

Una domanda naturale da porsi a questo punto è: perché buttare via tutte queste buone informazioni sulla profilazione ogni volta che un'applicazione termina? Ebbene, Sun ha parzialmente affrontato questo argomento con il rilascio di Java 5.0 attraverso l'uso di classi condivise di sola lettura che vengono memorizzate in modo persistente in una forma ottimizzata. Ciò ha ridotto significativamente sia il tempo di avvio che il sovraccarico dell'esecuzione di molte applicazioni Java su una determinata macchina. La tecnologia per farlo è complessa, ma l'idea è semplice: ottimizzare le parti del programma che devono essere eseguite in modo rapido e non preoccuparsi del resto.

Capitolo 3: Installazione

Sebbene sia possibile scrivere, compilare ed eseguire applicazioni Java con nient'altro che il Java Development Kit (OpenJDK) open source di Oracle e un semplice editor di testo (ad esempio Vi, Blocco note, ecc.), oggi la stragrande maggioranza del codice Java è scritta con il vantaggio di un ambiente di sviluppo integrato (IDE).

I vantaggi dell'utilizzo di un IDE includono una visualizzazione all-in-one del codice sorgente Java con evidenziazione della sintassi, guida alla navigazione, controllo del codice sorgente, documentazione integrata, creazione, refactoring e distribuzione, tutto a portata di mano. Pertanto, eviteremo di trattare la riga di comando e inizieremo con un

IDE popolare e gratuito: IntelliJ IDEA CE (Community Edition).

Se sei contrario all'uso di un IDE, sentiti libero di usare i comandi della riga di comando `javac miaApplicazione.java` per la compilazione e `java miaApplicazione` per eseguire i prossimi esempi. IntelliJ IDEA richiede l'installazione di Java e questo libro copre le funzionalità del linguaggio Java 11 (con alcune menzioni di cose nuove in 12 e 13), quindi sebbene gli esempi in questo capitolo funzioneranno con le versioni precedenti, è meglio avere JDK 11 installato per garantire che tutti gli esempi nel libro vengano compilati.

Puoi controllare quale versione, se presente, hai installato digitando `java -version` nella riga di comando. Se Java non è presente o se è una versione precedente a JDK 11, ti consigliamo di scaricare l'ultima versione dalla pagina di download di OpenJDK di Oracle.

Tutto ciò che è richiesto per gli esempi in questo libro è il JDK di base, che è la prima opzione nell'angolo in alto a sinistra della pagina di download.

IntelliJ IDEA è un IDE disponibile su jetbrains.com. Ai fini di questo libro e per iniziare con Java in generale, è sufficiente la Community Edition. Il download è un programma di installazione eseguibile o un archivio compresso: `.exe` per Windows, `.dmg` per macOS e `.tar.gz` su Linux. Fai doppio clic per scompattare ed eseguire il programma di installazione, l'installazione guidata è davvero completa e consente di personalizzare l'installazione.

Installare la JDK

È bene sapere che sei libero di scaricare ed utilizzare il JDK ufficiale e commerciale di Oracle per uso personale. Le versioni disponibili nella pagina di download di Oracle includono la versione più recente e la versione di supporto a lungo termine più recente (13 e 11, rispettivamente, al momento della stesura di questo libro) con collegamenti a versioni precedenti se hai bisogno di compatibilità. Se prevedi di utilizzare Java in qualsiasi capacità commerciale o condivisa, tuttavia, Oracle JDK ora viene fornito con termini di licenza rigidi (e a pagamento). Per questo e altri motivi più filosofici, usiamo principalmente OpenJDK.

Purtroppo, questa versione open source non include programmi di installazione per le diverse piattaforme. Se desideri una configurazione semplice e sei soddisfatto di una delle versioni di supporto a lungo termine come Java 8 o Java 11, dai un'occhiata ad altre distribuzioni OpenJDK.

Per coloro che desiderano l'ultima versione e non si preoccupano di un po' di lavoro di configurazione, diamo un'occhiata ai passaggi tipici richiesti per l'installazione di OpenJDK su ciascuna delle principali piattaforme.

Linux

Il file che scarichi per Linux è un file tar compresso (tar.gz) e può essere decompresso in una directory a tua scelta. Utilizzando l'app per il terminale, passa alla directory in cui hai scaricato il file ed esegui i seguenti comandi per installare e verificare Java:

```
~$ cd Downloads
~/Downloads$ sudo tar tvf openjdk-
13.0.1_linux-x64_bin.tar.gz \
 --directory /usr/lib/jvm
...
jdk-13.0.1/lib/src.zip
jdk-13.0.1/lib/tzdb.dat
jdk-13.0.1/release
~/Downloads$ /usr/lib/jvm/jdk-
13.0.1/bin/java -version
openjdk version "13.0.1" 2019-10-15
OpenJDK Runtime Environment (build
13.0.1+9)
OpenJDK 64-Bit Server VM (build
13.0.1+9, mixed mode, sharing)
```

Dopo aver estratto i file, è possibile configurare il terminale per utilizzare quell'ambiente impostando le variabili JAVA_HOME e PATH. Testeremo la configurazione controllando la versione del compilatore Java, javac:

```
~/Downloads$ cd
~$ export JAVA_HOME=/usr/lib/jvm/jdk-
13.0.1
~$ export PATH=$PATH:$JAVA_HOME/bin
~$ javac -version
javac 13.0.1
```

Ti consigliamo di rendere permanenti quelle modifiche a JAVA_HOME e PATH aggiornando gli script di avvio o rc per la tua shell. Ad esempio, potresti aggiungere entrambe le righe proprio come abbiamo usato nel terminale al tuo file .bashrc. Vale anche la pena notare che molte distribuzioni Linux rendono disponibili alcune versioni di Java tramite i loro particolari gestori di pacchetti.

Una semplice ricerca online ti aiuterà a vedere se ci sono meccanismi alternativi da usare che potrebbero adattarsi meglio alla tua distribuzione.

MacOS

Per gli utenti su sistemi macOS, l'installazione di OpenJDK è abbastanza simile al processo Linux: scarica l'archivio binario tar.gz e scompattalo nel posto giusto. A differenza di Linux, "il posto giusto" è abbastanza specifico. Utilizzando l'app Terminale (nella cartella Applicazioni → Utilità) puoi decomprimere e riposizionare la cartella OpenJDK in questo modo:

```
~ $ cd Downloads
Downloads $ tar xf openjdk-13.0.1_osx-
x64_bin.tar.gz
Downloads $ sudo mv jdk-13.0.1.jdk
/Library/Java/JavaVirtualMachines/
```

Il comando `sudo` consente agli utenti amministratori di eseguire azioni speciali normalmente riservate al "super utente" (la "s" e la "u" sono acronimi di super user). Ti verrà chiesta la tua password e, dopo aver cambiato cartella, imposta la variabile d'ambiente JAVA_HOME. Il comando java incluso con macOS è un wrapper che ora dovrebbe essere in grado di individuare la tua installazione.

```
Downloads $ cd ~
~ $ export \
JAVA_HOME=/Library/Java/JavaVirtualMachi
nes/jdk-13.0.1.jdk/Contents/Home
~ $ java -version
openjdk version "13.0.1" 2019-10-15
OpenJDK Runtime Environment (build
13.0.1+9)
OpenJDK 64-Bit Server VM (build
13.0.1+9, mixed mode, sharing)
```

Come con Linux, vorrai aggiungere quella riga JAVA_HOME a un file di avvio appropriato (come il file .bash_profile nella tua directory home) se lavorerai con Java dalla riga di comando. Per gli utenti su macOS 10.15 (Catalina) e presumibilmente versioni successive, potresti incontrare un po' di problemi in più durante l'installazione di Java e il test. A causa dei cambiamenti in macOS, Oracle non ha ancora certificato Java per Catalina.

Ovviamente puoi ancora eseguire Java sui sistemi Catalina ma le applicazioni più avanzate potrebbero qualche riscontrare bug.

Windows

I sistemi Windows condividono molti degli stessi concetti dei sistemi Unix anche se l'interfaccia utente per lavorare con questi concetti è diversa. Scarica l'archivio OpenJDK per Windows: dovrebbe essere un file ZIP anziché un file `tar.gz`. Decomprimi il file di download e spostalo in una cartella appropriata. Come con Linux, "appropriato" dipende davvero da te, noi abbiamo creato una cartella Java nella cartella `C:\Programmi` per contenere questa (e le future) versioni.

Una volta che la cartella JDK è a posto, dovrai impostare alcune variabili d'ambiente, proprio come con macOS e Linux. Il percorso più rapido per le impostazioni delle variabili è cercare in "ambiente" in Windows 10 e selezionare la voce del pannello di controllo intitolata "Modifica le variabili di ambiente del sistema". Da qui puoi creare una nuova voce per la variabile `JAVA_HOME` e aggiornare la voce `Path` per Java.

Per `JAVA_HOME`, crea una nuova variabile e impostala nella cartella in cui hai installato questo particolare JDK. Con `JAVA_HOME` impostato, ora puoi aggiungere una voce alla variabile `Path` in modo che Windows sappia dove cercare gli strumenti `java` e `javac`. Fai puntare questo valore alla cartella `bin` in cui è stato installato Java. Per utilizzare il valore `JAVA_HOME` nel percorso, racchiuderlo tra i segni di percentuale (`%JAVA_HOME%`).

Non puoi utilizzare una vera e propria riga di comando in Windows, ma l'applicazione del prompt dei comandi ha lo stesso scopo delle app del terminale in macOS o Linux. Apri il programma del prompt dei comandi e controlla la versione di Java.

```
C:\Users\User>java -version
java version "13.0.1" 2019-10-15
Java(TM) SE Runtime Environment (build
13.0.1+9)
Java HotSpot(TM) 64-Bit Server VM (build
13.0.1+9, mixed mode, sharing)

C:\Users\User>
```

Puoi continuare a utilizzare il prompt dei comandi, ovviamente, ma ora sei libero di indirizzare altre applicazioni come IntelliJ IDEA alla cartella dove hai installato il tuo JDK e lavorare semplicemente con l'IDE.

Capitolo 4: Prima applicazione

Prima di immergerci in discussioni sul linguaggio Java, voglio darti un assaggio con un codice funzionante. In questo capitolo, costruiremo una piccola applicazione amichevole che illustra molti dei concetti usati in tutto il libro. Cogliamo l'occasione per introdurre le caratteristiche generali del linguaggio e delle applicazioni Java.

Questo capitolo serve anche come una breve introduzione agli aspetti orientati agli oggetti di Java. Se questi concetti sono nuovi per te, speriamo che incontrarli qui in Java per la prima volta sia un'esperienza semplice e piacevole. Se hai lavorato con un altro ambiente di programmazione orientato agli oggetti, dovresti apprezzare in particolare la semplicità e l'eleganza di Java.

Questo capitolo ha il solo scopo di darti una visione del linguaggio Java e un'idea di come viene utilizzato. Non possiamo sottolineare abbastanza l'importanza di sperimentare quando impari nuovi concetti qui e in tutto il libro. Non limitarti a leggere gli esempi: eseguili.

Configurare l'IDE

La prima volta che esegui IDEA, ti verrà chiesto di selezionare un'area di lavoro. Questa è di solito una directory root o di primo livello per contenere i nuovi progetti creati all'interno di IntelliJ IDEA. La posizione predefinita varia a seconda della piattaforma. Se l'impostazione predefinita va bene, usala; altrimenti sentiti libero di scegliere una cartella diversa e fai clic su OK. Creeremo un progetto per contenere tutti i nostri esempi. Selezionare File → Nuovo → Progetto Java dal menu dell'applicazione e digita "Imparo Java" nel campo "Nome progetto" nella parte superiore della finestra di dialogo.

Assicurati che la versione di JRE sia impostata sulla versione 11 o successiva e fai clic su Avanti in basso. Scegli il modello

`Command Line App` che include una classe Java minima con un metodo `main()` che può essere eseguito. I prossimi capitoli approfondiranno molto più in dettaglio la struttura dei programmi Java e i comandi e le istruzioni che è possibile inserire in tali programmi.

Dopo aver selezionato il modello fai clic su Avanti e infine, devi fornire un nome e una posizione per il tuo progetto. Abbiamo scelto il nome CiaoJava ma quel nome non è speciale. IDEA suggerirà una posizione in base al nome del progetto e alla cartella dei progetti IDEA predefinita ma è possibile utilizzare il pulsante con i puntini di sospensione ("...") per scegliere una cartella diversa sul computer.

Quando questi due campi sono compilati, fai clic su Fine e congratulazioni! Ora hai un programma Java o quasi. È necessario aggiungere una riga di codice per stampare qualcosa sullo schermo. All'interno delle parentesi graffe dopo la riga `public static void main (String [] args)`, aggiungi questa riga:

```
System.out.println("Hello World!");
```

Eseguiremo questo esempio in seguito e lo espanderemo per dargli un tocco in più. I prossimi capitoli presenteranno esempi più interessanti che mettono insieme sempre più elementi di Java. Questi passaggi iniziali sono buoni per iniziare a prendere confidenza con Java e con IntelliJ IDEA.

Eseguire il progetto

Partire dal semplice template fornito da IDEA dovrebbe lasciare poco spazio agli errori e consentirti di eseguire il tuo primo programma. Nota che la classe `Main` elencata sotto la cartella `src` nella struttura del progetto a sinistra ha un piccolo pulsante verde "play" vicino la sua icona. Questa aggiunta indica che IDEA capisce come eseguire il metodo `main()` in questa classe.

Prova a fare clic sul pulsante nella barra degli strumenti in alto e vedrai il tuo messaggio "Hello World!" nella scheda "Run" nella parte inferiore dell'editor. Complimenti, ora hai anche eseguito il tuo primo programma Java.

Capitolo 5: Struttura del programma

Nella tradizione dei testi di programmazione, si inizia sempre con "Hello World", ma dato che si tratta di Java creiamo "Hello Java". Aggiungeremo qualche funzionalità e introdurremo nuovi concetti lungo il percorso ma iniziamo con la versione minimalista:

```java
public class HelloJava {
 public static void main( String[] args
) {
   System.out.println("Hello, Java!");
 }
 }
```

Questo programma a cinque righe dichiara una classe chiamata `HelloJava` e un metodo chiamato `main()`. Usa un metodo predefinito chiamato `println()` per scrivere del testo come output.

Questo è un programma a riga di comando, il che significa che viene eseguito in una shell o in una finestra DOS e vi stampa il suo output. Se hai utilizzato il modello Hello World di IDEA, potresti notare che è stato scelto il nome Main per la classe. Non c'è niente di sbagliato, ma nomi più descrittivi torneranno utili quando inizi a costruire programmi più complessi. In futuro, proveremo a utilizzare nomi validi nei nostri esempi.

Indipendentemente dal nome della classe, questo approccio è un po' vecchia scuola per i nostri gusti, quindi prima di andare oltre, daremo a HelloJava una GUI. Non preoccuparti ancora del codice; torneremo per le spiegazioni tra un momento.

Al posto della riga contenente il metodo `println()`, useremo un oggetto `JFrame` per mettere una finestra sullo schermo. Possiamo iniziare sostituendo la riga `println` con le seguenti tre righe:

```
JFrame frame = new JFrame("Hello, Java!"
);
frame.setSize( 300, 300 );
frame.setVisible( true );
```

Questo snippet crea un oggetto JFrame con il titolo "Hello, Java!", un JFrame è semplicemente una finestra grafica. Per visualizzarla, configuriamo semplicemente le sue dimensioni sullo schermo utilizzando il metodo `setSize()` e la rendiamo visibile chiamando il metodo `setVisible()`. Se ci fermassimo qui, vedremmo una finestra vuota sullo schermo con il nostro `"Hello, Java!"` come titolo.

Vorremmo che il nostro messaggio fosse all'interno della finestra, non solo nella parte superiore. Per mettere qualcosa nella finestra, abbiamo bisogno di un altro paio di righe.

Il seguente esempio aggiunge un oggetto JLabel per visualizzare il testo centrato nella nostra finestra. La riga di importazione aggiuntiva in alto è necessaria per indicare a Java dove trovare le classi JFrame e JLabel (le definizioni degli oggetti JFrame e JLabel che stiamo utilizzando).

```
import javax.swing.*;
 public class HelloJava {
 public static void main( String[] args
) {
   JFrame frame = new JFrame( "Hello,
Java!" );
   JLabel label = new JLabel("Hello,
Java!", JLabel.CENTER );
   frame.add(label);
   frame.setSize( 300, 300 );
   frame.setVisible( true );
 }
}
```

Adesso puoi eseguire il programma come fatto in precedenza e ancora congratulazioni, hai eseguito la tua seconda applicazione Java! Prenditi un momento per ammirarla nel bagliore del tuo monitor.

Tieni presente che quando fai clic sulla casella di chiusura della finestra, la finestra scompare ma il programma è ancora in esecuzione. Per arrestare l'applicazione Java in IDEA, fai clic sul pulsante quadrato rosso a destra del pulsante che hai utilizzato per eseguire il programma. Se stai eseguendo l'esempio sulla riga di comando, digita Ctrl-C.

Nota che nulla ti impedisce di eseguire più di un'istanza (copia) dell'applicazione alla volta. HelloJava potrebbe essere un piccolo programma, ma c'è un bel po' di cose che esegue dietro le quinte e quelle poche righe rappresentano solo la punta di un iceberg. Ciò che si trova sotto la superficie sono i livelli di funzionalità forniti dal linguaggio Java e dalle sue librerie Swing.

Detto questo, diamo ora un'occhiata a cosa sta succedendo nel nostro primo esempio.

Classi

Le classi sono gli elementi costitutivi fondamentali della maggior parte dei linguaggi orientati agli oggetti. Una classe è un gruppo di elementi di dati con funzioni associate che possono eseguire operazioni su tali dati. Gli elementi di dati in una classe sono chiamati variabili, o talvolta campi; in Java, le funzioni sono chiamate metodi.

I vantaggi principali di un linguaggio orientato agli oggetti sono l'associazione tra dati e funzionalità nelle unità di classe e la capacità delle classi di incapsulare o nascondere i dettagli, liberando lo sviluppatore dalla preoccupazione per i dettagli di basso livello. In un'applicazione, una classe potrebbe rappresentare qualcosa di concreto, come un pulsante su uno schermo o le informazioni in un foglio di calcolo oppure potrebbe essere qualcosa di più astratto, come un algoritmo di ordinamento o forse una caratteristica di un personaggio di un videogioco. Una classe che rappresenta un foglio di lavoro potrebbe, ad esempio, avere variabili che rappresentano i valori delle sue singole celle e metodi che eseguono operazioni su tali celle, come "cancella una riga" o "calcola valori".

La nostra classe HelloJava è un'intera applicazione Java in una singola classe. Definisce un solo metodo, `main()`, che contiene il corpo del nostro programma. È questo metodo `main()` che viene chiamato per primo all'avvio dell'applicazione. Ciò che è etichettato con `String [] args` ci permette di passare gli argomenti della riga di comando all'applicazione.

Infine, sebbene questa versione di HelloJava non definisca alcuna variabile come parte della sua classe, utilizza due variabili, `frame` e `label`, all'interno del suo metodo `main()`. Presto avremo anche altro da dire sulle variabili.

main()

Come abbiamo visto quando abbiamo eseguito il nostro esempio, eseguire un'applicazione Java significa scegliere una particolare classe e passare il suo nome come argomento alla Java virtual machine. Quando l'abbiamo fatto, il comando `java` ha cercato nella nostra classe HelloJava per vedere se conteneva il metodo speciale chiamato `main()` della forma giusta. Lo ha trovato e così è stato eseguito.

Se non fosse stato lì, avremmo ricevuto un messaggio di errore. Il metodo `main()` è il punto di ingresso per le applicazioni. Ogni applicazione Java standalone include almeno una classe con un metodo `main()` che esegue le azioni necessarie per avviare il resto del programma. Il nostro metodo `main()` imposta una finestra (un JFrame) per contenere l'output visivo della classe HelloJava.

In questo momento, sta facendo tutto il lavoro nell'applicazione ma in un'applicazione orientata agli oggetti, normalmente deleghiamo le responsabilità a molte classi diverse. Nella prossima incarnazione del nostro esempio, eseguiremo proprio una tale suddivisione, creando una seconda classe, e vedremo che man mano che l'esempio si evolve successivamente, il metodo `main()` rimane più o meno lo stesso, semplicemente tenendo la procedura di avvio.

Esaminiamo rapidamente il nostro metodo `main()`, solo così sappiamo cosa fa. Innanzitutto, `main()` crea un JFrame, la finestra che conterrà il nostro esempio:

```
JFrame frame = new JFrame("Hello,
Java!");
```

La parola `new` in questa riga di codice è molto importante. JFrame è il nome di una classe che rappresenta una finestra sullo schermo, ma la classe stessa è solo un modello, come un piano di costruzione. La parola chiave `new` dice a Java di allocare memoria e di creare effettivamente un particolare oggetto JFrame. In questo caso, l'argomento tra parentesi dice a JFrame cosa visualizzare nella barra del titolo. Avremmo potuto tralasciare il testo "Hello, Java" e utilizzare parentesi vuote per creare un JFrame senza titolo, ma solo perché JFrame ci consente specificamente di farlo.

Quando le finestre con cornice vengono create per la prima volta, sono molto piccole. Prima di mostrare il JFrame, impostiamo le sue dimensioni in modo ragionevole:

```
frame.setSize( 300, 300 );
```

Questo è un esempio di invocazione di un metodo su un particolare oggetto. In questo caso, il metodo `setSize()` è definito dalla classe JFrame e influenza il particolare oggetto JFrame che abbiamo posizionato nella variabile `frame`. Creiamo anche un'istanza di JLabel per contenere il nostro testo all'interno della finestra:

```
JLabel label = new JLabel("Hello,
Java!", JLabel.CENTER );
```

JLabel è molto simile a un'etichetta fisica. Tiene del testo in una posizione particolare, in questo caso, sulla nostra cornice. Questo è un concetto molto orientato agli oggetti: usare un oggetto per contenere del testo invece di invocare semplicemente un metodo per "disegnare" il testo e andare avanti. Successivamente, dobbiamo posizionare l'etichetta nella cornice che abbiamo creato:

```
frame.add( label );
```

Qui, stiamo chiamando il metodo `add()` per posizionare la nostra etichetta all'interno di JFrame. Il JFrame è una sorta di contenitore che può contenere cose. Il compito finale di `main()` è mostrare la finestra del frame e il suo contenuto, che altrimenti sarebbe invisibile. Una finestra invisibile rende un'applicazione piuttosto noiosa:

```
frame.setVisible( true );
```

Questo è l'intero metodo `main()`, ora sai come è fatto e come si comporta.

Capitolo 6: Oggetti e variabili

Una classe è un progetto per una parte di un'applicazione; contiene metodi e variabili che compongono quel componente. Quando un'applicazione è attiva, possono esistere molte singole copie funzionanti di una determinata classe. Queste incarnazioni individuali sono chiamate istanze della classe o oggetti. Due istanze di una data classe possono contenere dati diversi ma hanno sempre gli stessi metodi.

Ad esempio, considera una classe Pulsante. C'è solo una classe Pulsante, ma un'applicazione può creare molti oggetti diversi, ognuno un'istanza della stessa classe. Inoltre, due istanze di Pulsante potrebbero contenere dati diversi, magari dando a ciascuna un aspetto diverso ed eseguendo un'azione diversa. In questo senso, una classe può essere considerata uno stampo per realizzare l'oggetto che rappresenta, qualcosa come uno stampino per biscotti che stampa istanze funzionanti di sé stesso nella memoria del computer.

Il termine oggetto è molto generale e in alcuni contesti è usato quasi in modo intercambiabile con la classe. Gli oggetti sono le entità astratte a cui si riferiscono, in una forma o nell'altra, tutti i linguaggi orientati agli oggetti. Useremo oggetto come termine generico per un'istanza di una classe. Potremmo, quindi, riferirci a un'istanza della classe Pulsante come a un pulsante, a un oggetto Pulsante o, indiscriminatamente, a un oggetto.

Il metodo `main()` nell'esempio precedente crea una singola istanza della classe JLabel e la mostra in un'istanza della classe JFrame. È possibile modificare `main()` per creare molte istanze di JLabel, forse ciascuna in una finestra separata.

Variabili

In Java, ogni classe definisce un nuovo tipo
(tipo di dati). Una variabile può essere
dichiarata di questo tipo e quindi contenere
istanze di quella classe. Una variabile
potrebbe, ad esempio, essere di tipo Pulsante
e contenere un'istanza della classe Pulsante,
o di tipo CellaExcel e contenere un oggetto
CellaExcel, proprio come potrebbe essere
uno qualsiasi dei tipi più semplici, come `int` o
`float`, che rappresentano numeri.

Il fatto che le variabili abbiano tipi e non
possano semplicemente contenere alcun tipo
di oggetto è un'altra importante caratteristica
del linguaggio che garantisce la sicurezza e la
correttezza del codice. Ignorando per il
momento le variabili utilizzate all'interno del
metodo `main()`, nel nostro semplice esempio

HelloJava viene dichiarata solo un'altra variabile. Si trova nella dichiarazione dello stesso metodo `main()`:

```
public static void main( String [] args
) {
```

Proprio come le funzioni in altri linguaggi, un metodo in Java dichiara un elenco di parametri (variabili) che accetta come argomenti e specifica i tipi di tali parametri. In questo caso, il metodo principale richiede che, quando viene invocato, gli venga passato un array di oggetti `String` nella variabile denominata `args`.

La stringa è l'oggetto fondamentale che rappresenta il testo in Java. Come accennato in precedenza, Java utilizza il parametro `args` per passare qualsiasi argomento della riga di comando fornito alla Java virtual machine (VM) nell'applicazione.

Fino a questo punto, ci siamo riferiti vagamente alle variabili come oggetti contenitori. In realtà, le variabili che hanno tipi di classe non contengono tanto oggetti ma puntano ad oggetti. Le variabili di classe sono riferimenti a oggetti e un riferimento è un puntatore per un oggetto. Se dichiari una variabile di tipo classe senza assegnarle un oggetto, non punta a nulla. Viene assegnato il valore predefinito `null`, che significa "nessun valore". Se si tenta di utilizzare una variabile con un valore `null` come se stesse puntando a un oggetto reale, si verifica un errore di runtime, `NullPointerException`.

Naturalmente, i riferimenti agli oggetti devono provenire da qualche parte. Nel nostro esempio, abbiamo creato due oggetti usando l'operatore `new`.

Capitolo 7: Componenti

Finora, il nostro esempio HelloJava si è contenuto in una singola classe. In effetti, a causa della sua natura semplice, è servito solo come un unico grande metodo. Sebbene abbiamo utilizzato un paio di oggetti per visualizzare il nostro messaggio della GUI, il nostro codice non illustra alcuna struttura orientata agli oggetti. Bene, lo correggeremo adesso aggiungendo una seconda classe.

Per darci qualcosa da costruire in questo capitolo, assumeremo il compito della classe JLabel e la sostituiremo con la nostra classe grafica: HelloComponente. La nostra classe HelloComponente inizierà semplicemente, visualizzando solo il nostro messaggio "Hello, Java!" in una posizione fissa.

Il codice per la nostra nuova classe è molto semplice; abbiamo aggiunto solo qualche altra riga:

```java
import java.awt.*;
 class HelloComponente extends JComponent {
 public void paintComponent( Graphics g ) {
   g.drawString( "Hello, Java!", 125, 95 );
 }
}
```

Puoi aggiungere questo testo al file `HelloJava.java`, oppure puoi inserirlo nel suo file chiamato `HelloComponente.java`. Se lo metti nello stesso file, devi spostare la nuova istruzione di `import` all'inizio del file, insieme all'altra. Per utilizzare la nostra nuova classe al posto della JLabel, è sufficiente sostituire le due righe che fanno riferimento all'etichetta con:

```java
frame.add( new HelloComponente() );
```

Questa volta, quando compili `HelloJava.java`, vedrai due file di classe binari: `Hello-Java.class` e `HelloComponente.class` (indipendentemente da come hai organizzato il sorgente). L'esecuzione del codice dovrebbe assomigliare molto alla versione con JLabel, ma se ridimensioni la finestra, noterai che la nostra classe non si adatta automaticamente per centrare il codice.

Allora cosa abbiamo fatto? E perché ci siamo impegnati così tanto per insultare il componente JLabel che era perfettamente funzionante? Abbiamo creato la nostra nuova classe HelloComponente, estendendo una classe grafica generica chiamata JComponent. Estendere una classe significa semplicemente aggiungere funzionalità a una classe esistente, creandone una nuova.

Qui abbiamo creato un nuovo tipo di JComponent che contiene un metodo chiamato `paintComponent()`, che è responsabile del disegno del nostro messaggio. Il nostro metodo `paintComponent()` accetta un argomento chiamato (in modo piuttosto conciso) `g`, che è di tipo `Graphics`. Quando viene richiamato il metodo `paintComponent()`, un oggetto `Graphics` viene assegnato a `g`, che usiamo nel corpo del metodo.

Ereditarietà

Le classi Java sono organizzate in una gerarchia padre-figlio in cui il padre e il figlio sono noti rispettivamente come superclasse e sottoclasse. In Java, ogni classe ha esattamente una superclasse (un solo genitore) ma possibilmente molte sottoclassi. L'unica eccezione a questa regola è la classe Object, che si trova in cima all'intera gerarchia di classi perciò non ha superclasse. La dichiarazione della nostra classe nell'esempio precedente utilizza la parola chiave extends per specificare che HelloComponente è una sottoclasse della classe JComponent:

```
public class HelloComponente extends
JComponent { ... }
```

Una sottoclasse può ereditare alcune o tutte le variabili e i metodi della sua superclasse.

Tramite l'ereditarietà, la sottoclasse può utilizzare quelle variabili e metodi come se li avesse dichiarati lei stessa. Una sottoclasse può aggiungere variabili e metodi propri e può anche sovrascrivere o modificare il significato dei metodi ereditati.

Quando usiamo una sottoclasse, i metodi sostituiti vengono nascosti (override) dalle loro versioni della sottoclasse. In questo modo, l'ereditarietà fornisce un potente meccanismo mediante il quale una sottoclasse può perfezionare o estendere la funzionalità della sua superclasse.

Ad esempio, l'ipotetica classe del foglio di calcolo potrebbe essere sottoclasse per produrre una nuova classe del foglio di calcolo scientifico con funzioni matematiche aggiuntive e costanti speciali. In questo caso, il codice sorgente per il foglio di calcolo scientifico potrebbe dichiarare metodi per le funzioni matematiche aggiunte e variabili per le costanti speciali ma la nuova classe ha automaticamente tutte le variabili e i metodi che costituiscono la normale funzionalità di un foglio di calcolo; vengono ereditati dalla classe del foglio di calcolo principale.

Ciò significa anche che il foglio di calcolo scientifico mantiene la sua identità di foglio di calcolo e possiamo usare la versione estesa ovunque sia possibile utilizzare il foglio di calcolo più semplice.

Significa che oggetti specializzati possono essere utilizzati al posto di oggetti più generici, personalizzando il loro comportamento senza modificare l'applicazione sottostante. Questo si chiama polimorfismo ed è uno dei fondamenti della programmazione orientata agli oggetti. La nostra classe HelloComponente è una sottoclasse della classe JComponent ed eredita molte variabili e metodi non esplicitamente dichiarati nel nostro codice sorgente. Questo è ciò che consente alla nostra piccola classe di fungere da componente in un JFrame, con poche personalizzazioni.

Relazioni

Possiamo correttamente riferirci a HelloComponente come a JComponent perché la sottoclasse può essere pensata come la creazione di una relazione "è una" (relazione is-a), in cui la sottoclasse "è una" specie della sua superclasse. HelloComponente è quindi una sorta di JComponent. Quando ci riferiamo a un tipo di oggetto, intendiamo qualsiasi istanza della classe di quell'oggetto o di una qualsiasi delle sue sottoclassi.

In questo senso, un oggetto di tipo HelloComponente è, a sua volta, una sorta di JComponent, che è una sorta di Container, e ognuno di questi può essere considerato in ultima analisi come una sorta di Component.

È da queste classi che HelloComponente eredita la sua funzionalità GUI di base e la capacità di avere anche altri componenti grafici incorporati al suo interno. Component è una sottoclasse della classe Object di primo livello, quindi tutte queste classi sono tipi di Object. Ogni altra classe nell'API Java eredita il comportamento da Object, che definisce alcuni metodi di base. Continueremo a usare la parola oggetto in modo generico per fare riferimento a un'istanza di qualsiasi classe; useremo Object per riferirci specificamente al tipo di quella classe.

Capitolo 8: Package e visibilità

Abbiamo accennato in precedenza che la prima riga del nostro esempio indica a Java dove trovare alcune delle classi che abbiamo utilizzato:

```
import javax.swing.*;
```

Nello specifico, dice al compilatore che utilizzeremo le classi dal toolkit della GUI Swing (in questo caso, JFrame, JLabel e JComponent). Queste classi sono organizzate in un pacchetto Java chiamato `javax.swing`.

Un pacchetto Java è un gruppo di classi correlate in base allo scopo o all'applicazione. Le classi nello stesso pacchetto hanno privilegi di accesso speciali l'una rispetto all'altra e possono essere progettate per lavorare insieme a stretto contatto. I pacchetti sono denominati in modo gerarchico con componenti separati da punti, come `java.util` e `java.util.zip`. Le classi in un pacchetto devono seguire le convenzioni su dove si trovano nel classpath.

Le classi prendono anche il nome del pacchetto come parte del loro "nome completo" o, per usare la terminologia appropriata, fully qualified name. Ad esempio, il nome completo della classe JComponent è `javax.swing.JComponent`. Avremmo potuto farvi riferimento direttamente con quel nome, invece di usare l'istruzione `import`:

```
public class HelloComponente extends
javax.swing.JComponent {...}
```

L'istruzione `import javax.swing.*` ci consente di fare riferimento a tutte le classi nel pacchetto `javax.swing` con i loro semplici nomi quindi non è necessario utilizzare nomi completi per fare riferimento alle classi JComponent, JLabel e JFrame.

Come abbiamo visto quando abbiamo aggiunto la nostra seconda classe di esempio, potrebbero esserci una o più istruzioni di `import` in un dato file sorgente Java. Esse creano effettivamente un "percorso di ricerca" che dice a Java dove cercare le classi a cui ci riferiamo con i loro nomi semplici e non qualificati. (Non è realmente un percorso, ma evita nomi ambigui che possono creare errori).

Gli `import` che abbiamo visto utilizzano la notazione punto stella (`.*`) per indicare che l'intero pacchetto deve essere importato ma puoi anche specificare solo una singola classe.

Il nostro esempio corrente utilizza solo la classe Graphics dal pacchetto `java.awt`. Quindi avremmo potuto usare `import java.awt.Graphics` invece di usare il carattere jolly `*` per importare tutte le classi del pacchetto Abstract Window Toolkit (AWT). Tuttavia, prevediamo di utilizzare in seguito molte altre classi da questo pacchetto.

I pacchetti `java.` e `javax.` sono speciali. Qualsiasi pacchetto che inizia con `java.` fa parte dell'API Java principale ed è disponibile su qualsiasi piattaforma che supporti Java. Il `javax.` pacchetto normalmente denota un'estensione standard alla piattaforma principale, che può essere installata o meno. Tuttavia, negli ultimi anni, molte estensioni standard sono state aggiunte all'API Java principale senza rinominarle.

Il pacchetto `javax.swing` è un esempio; fa parte dell'API principale nonostante il suo nome. `java.lang` contiene classi fondamentali necessarie al linguaggio Java stesso; questo pacchetto viene importato automaticamente ed è per questo che non avevamo bisogno di un'istruzione `import` per usare nomi di classi come `String` o `System` nei nostri esempi.

Il pacchetto `java.awt` contiene classi del vecchio AWT grafico; `java.net` contiene le classi di rete; e così via. Man mano che acquisisci maggiore esperienza con Java, ti renderai conto che avere il comando sui pacchetti a tua disposizione, cosa fanno, quando usarli e come usarli è una parte fondamentale per diventare uno sviluppatore Java di successo.

Visibilità

Il sorgente per la nostra classe HelloComponente definisce un metodo, `paintComponent()`, che sovrascrive il metodo `paintComponent()` della classe JComponent. Il metodo `paintComponent()` viene chiamato quando è il momento di disegnare sullo schermo. Accetta un singolo argomento, un oggetto Graphics, e non restituisce alcun tipo di valore (void) al suo chiamante.

I modificatori sono parole chiave posizionate prima di classi, variabili e metodi per alterarne l'accessibilità, il comportamento o la semantica. Il metodo `paintComponent()` è dichiarato `public`, il che significa che può essere invocato (chiamato) da metodi in classi diverse da HelloComponente.

In questo caso, è l'ambiente a finestre Java che chiama il nostro metodo `paintComponent()`. Un metodo o una variabile dichiarata come `private` è accessibile solo dalla propria classe.

L'oggetto Graphics, istanza della classe Graphics, rappresenta una particolare area di contesto grafico. Contiene metodi che possono essere utilizzati per disegnare in quest'area e variabili che rappresentano caratteristiche come ritagliare ecc. Il particolare oggetto Graphics che ci viene passato nel metodo `paintComponent()` corrisponde all'area dello schermo del nostro HelloComponente, all'interno del nostro frame.

La classe Graphics fornisce metodi per il rendering di forme, immagini e testo. In HelloComponente, invochiamo il metodo `drawString()` del nostro oggetto Graphics per disegnare il nostro messaggio alle coordinate specificate. Come abbiamo visto in precedenza, accediamo a un metodo di un oggetto aggiungendo un punto (.) e il suo nome all'oggetto che lo contiene. Abbiamo invocato il metodo drawString() dell'oggetto Graphics (referenziato dalla nostra variabile g) in questo modo:

```
g.drawString( "Hello, Java!", 125, 95 );
```

Può essere difficile abituarsi all'idea che la nostra applicazione sia disegnata da un metodo chiamato da un agente esterno in momenti arbitrari. Come può aiutarci questo? Come controlliamo cosa viene fatto e quando? Per ora, pensa solo a come inizieresti a strutturare le applicazioni che rispondono ad un comando invece di progettare applicazioni che rispondono di propria iniziativa e tutto sarà più semplice, basta solo pensare in modo diverso.

Capitolo 9: Una versione migliore

Ora che abbiamo alcune nozioni di base, rendiamo la nostra applicazione un po' più interattiva. Non aver paura! Analizzeremo tutti gli argomenti trattati in questo esempio. Per ora, divertiti a giocare con l'esempio e usalo come un'opportunità per familiarizzare con la creazione e l'esecuzione di programmi Java anche se non ti senti ancora a tuo agio con il codice contenuto.

Chiameremo questo esempio HelloJava2 per evitare di creare confusione continuando ad espandere quello vecchio, ma i cambiamenti principali qui e più avanti risiedono nell'aggiungere funzionalità alla classe HelloComponente e semplicemente apportare le modifiche corrispondenti ai nomi per mantenerli coerenti (ad esempio, HelloComponente2). Avendo appena visto come funziona l'ereditarietà, potresti chiederti perché non stiamo creando una sottoclasse di HelloComponente e sfruttando l'ereditarietà per costruire sul nostro esempio precedente ed estenderne le funzionalità. Ebbene, in questo caso, non sarebbe molto vantaggioso e per chiarezza ricominciamo semplicemente da capo.

Ecco HelloJava2:

```java
//file: HelloJava2.java
import java.awt. * ;
import java.awt.event. * ;
import javax.swing. * ;

public class HelloJava2 {
  public static void main(String[] args)
{
    JFrame frame = new
JFrame("HelloJava2");
    frame.add(new
HelloComponente2("Hello, Java!"));

frame.setDefaultCloseOperation(JFrame.EX
IT_ON_CLOSE);
    frame.setSize(300, 300);
```

```java
        frame.setVisible(true);
    }
}
class HelloComponente2 extends
JComponent
implements MouseMotionListener {
    String messaggio;
    int messaggioX = 125,
    messaggioY = 95; // Coordinate del
messaggio
    public HelloComponente2(String
messaggio2) {
        messaggio = messaggio2;
        addMouseMotionListener(this);
    }
    public void paintComponent(Graphics g)
{
        g.drawString(messaggio, messaggioX,
messaggioY);
    }
    public void mouseDragged(MouseEvent e)
{
        // Salvo le coordinate del mouse e
scrive il messaggio
        messaggioX = e.getX();
        messaggioY = e.getY();
        repaint();
    }
    public void mouseMoved(MouseEvent e)
{}
}
```

Due barre di seguito (//) indicano che il resto della riga è un commento e verrà semplicemente ignorato da Java ma può esserti utile per capire il senso del codice. Abbiamo aggiunto alcuni commenti a HelloJava2 per aiutarti a tenere traccia di tutto. Metti il testo di questo esempio in un file chiamato `HelloJava2.java` e compilalo come prima.

Di conseguenza, dovresti ottenere nuovi file di classe, `HelloJava2.class` e `HelloComponente2.class`. Esegui l'esempio utilizzando il seguente comando:

```
C: \> java HelloJava2
```

Oppure, se stai scrivendo il tuo codice in IDEA, fai clic sul pulsante Esegui. Sentiti libero di sostituire il messaggio con quello che preferisci e goditi molte ore di divertimento, trascinando il testo con il mouse.

Nota che ora quando si fa clic sul pulsante di chiusura della finestra, l'applicazione termina.

Ora vediamo cosa è cambiato. Abbiamo aggiunto alcune variabili alla classe HelloComponente2 nel nostro esempio:

```
int messaggioX = 125, messaggioY = 95;
String messaggio;
```

Le variabili `messaggioX` e `messaggioY` sono numeri interi che contengono le coordinate correnti del nostro messaggio. Li abbiamo grossolanamente inizializzati a valori predefiniti che dovrebbero posizionare il messaggio da qualche parte vicino al centro della finestra.

Gli interi Java sono numeri con segno a 32 bit, quindi possono facilmente contenere tutti i nostri valori di coordinate. La variabile `messaggio` è di tipo String e può contenere istanze della classe String. Si noti che queste tre variabili sono dichiarate all'interno delle parentesi graffe della definizione della classe, ma non all'interno di un metodo particolare in quella classe.

Queste variabili sono chiamate variabili di istanza e appartengono all'oggetto nel suo insieme. In particolare, le copie vengono visualizzate in ogni istanza separata della classe. Le variabili di istanza sono sempre visibili (e utilizzabili da) tutti i metodi all'interno della loro classe. A seconda dei loro modificatori, possono essere accessibili anche dall'esterno della classe.

A meno che non vengano inizializzate diversamente, le variabili di istanza sono impostate su un valore predefinito pari a 0, `false` o `null`, a seconda del tipo. I tipi numerici sono impostati su 0, le variabili booleane sono impostate su `false` e le variabili del tipo di classe hanno sempre il loro valore impostato su `null`, che significa "nessun valore".

Tentare di utilizzare un oggetto con un valore nullo genera un errore di runtime.

Le variabili di istanza differiscono dagli argomenti del metodo e da altre variabili dichiarate nell'ambito di un particolare metodo. Queste ultime sono chiamate variabili locali e sono effettivamente variabili private che possono essere viste solo dal codice all'interno di un metodo o di un altro blocco di codice. Java non inizializza le variabili locali, quindi devi assegnare i valori da solo.

Se si tenta di utilizzare una variabile locale a cui non è stato ancora assegnato un valore, il codice genera un errore in fase di compilazione. Le variabili locali vivono solo finché il metodo è in esecuzione e poi scompaiono, a meno che qualcos'altro non salvi il loro valore. Ogni volta che il metodo viene richiamato, le sue variabili locali vengono ricreate e devono essere assegnati dei valori. Abbiamo usato le nuove variabili per rendere più dinamico il nostro metodo `paintComponent()` che era precedentemente noioso. Ora tutti gli argomenti nella chiamata a `drawString()` sono determinati da queste variabili.

Costruttori

La classe HelloComponente2 include un tipo speciale di metodo chiamato costruttore. Viene chiamato un costruttore per impostare una nuova istanza di una classe. Quando viene creato un nuovo oggetto, Java alloca memoria per esso, imposta le variabili di istanza sui valori predefiniti e chiama il metodo del costruttore per la classe per eseguire qualsiasi configurazione a livello di applicazione richiesta.

Un costruttore ha sempre lo stesso nome della sua classe. Ad esempio, il costruttore della classe HelloComponente2 si chiama `HelloComponente2()`. I costruttori non hanno un valore di ritorno, ma puoi pensare a loro come a creare un oggetto del tipo della loro classe.

Come altri metodi, i costruttori possono accettare argomenti. La loro unica missione nella vita è configurare e inizializzare le istanze di classe appena nate, possibilmente utilizzando le informazioni passate loro in questi parametri. Viene creato un oggetto con l'operatore `new` che specifica il costruttore per la classe e gli eventuali argomenti necessari. L'istanza dell'oggetto risultante viene restituita come valore.

Nel nostro esempio, una nuova istanza HelloComponente2 viene creata nel metodo `main()` da questa riga:

```
frame.add( new HelloComponente2("Hello,
Java!") );
```

Questa riga in realtà fa due cose. Potremmo scriverla come due righe separate che sono un po' più facili da capire:

```
HelloComponente2 nuovoOggetto = new
HelloComponente2("Hello, Java!");
frame.add( nuovoOggetto );
```

La prima riga è quella importante, dove viene
creato un nuovo oggetto HelloComponente2.
Il costruttore HelloComponente2 accetta una
stringa come argomento e la usa per
impostare il messaggio che viene visualizzato
nella finestra. Con un po' di magia dal
compilatore Java, il testo citato nel codice
sorgente Java viene trasformato in un oggetto
di tipo String.

La seconda riga aggiunge semplicemente il
nostro nuovo componente al frame per
renderlo visibile, come abbiamo fatto negli
esempi precedenti. Visto che siamo in
argomento, se desideri rendere il messaggio
configurabile, puoi modificare la riga del
costruttore come segue:

```
HelloComponente2 nuovoOggetto = new
HelloComponente2( args[0] );
```

Ora puoi passare il testo sulla riga di comando quando esegui l'applicazione utilizzando il seguente comando:

```
C: \> java HelloJava2 "Hello, Java!"
```

Il parametro `args[0]` si riferisce al primo parametro della riga di comando. Se stai usando un IDE, dovrai configurare le impostazioni di avvio del programma per accettare i tuoi parametri prima di eseguirlo.

Il costruttore di HelloComponente2 fa quindi due cose: imposta il testo della variabile di istanza di Message e chiama `addMouseMotionListener()`. Questo metodo fa parte del meccanismo degli eventi e in pratica dice al sistema: "Ehi, sono interessato a tutto ciò che accade con il mouse".

```
public HelloComponente2(String
messaggio2) {
    messaggio = messaggio2;
    addMouseMotionListener(this);
}
```

La speciale variabile di sola lettura chiamata this viene utilizzata per fare riferimento esplicitamente al nostro oggetto (il contesto dell'oggetto "corrente") nella chiamata a addMouseMotionListener(). Un metodo può utilizzarlo per fare riferimento all'istanza dell'oggetto che lo contiene.

I due stati seguenti sono quindi modi equivalenti per assegnare il valore alla variabile di istanza messaggio:

```
messaggio = messaggio2;
```

oppure:

```
this.messaggio = messaggio2;
```

Normalmente useremo la forma implicita più breve per fare riferimento a variabili di istanza, ma ne avremo bisogno quando dobbiamo passare esplicitamente un riferimento al nostro oggetto a un metodo in un'altra classe. Spesso facciamo in modo che i metodi di altre classi possano invocare i nostri metodi pubblici o utilizzare le nostre variabili pubbliche.

Eventi

Gli ultimi due metodi di HelloComponente2, `mouseDragged()` e `mouseMoved()`, consentono di ottenere informazioni dal mouse. Ogni volta che l'utente esegue un'azione, come premere un tasto sulla tastiera, muovere il mouse o forse sbattere la testa contro un touch screen, Java genera un evento.

Un evento rappresenta un'azione che si è verificata; contiene informazioni sull'azione, come l'ora e il luogo. La maggior parte degli eventi è associata a un particolare componente della GUI in un'applicazione. Premere un tasto, ad esempio, può corrispondere a un carattere digitato in un particolare campo di immissione di testo.

Facendo clic su un pulsante del mouse è possibile attivare un determinato pulsante sullo schermo. Anche il semplice spostamento del mouse all'interno di una determinata area dello schermo può attivare effetti come l'evidenziazione o la modifica della forma del cursore. Per lavorare con questi eventi, abbiamo importato un nuovo pacchetto, `java.awt.event`, che fornisce oggetti Event specifici che utilizziamo per ottenere informazioni dall'utente. (Nota che l'importazione di `java.awt.*` non importa automaticamente il pacchetto di eventi perchè le `import` non sono ricorsive. I pacchetti non contengono realmente altri pacchetti, anche se lo schema di denominazione gerarchico implicherebbe che lo facciano.)

Ci sono molti diverse classi di eventi, inclusi MouseEvent, KeyEvent e ActionEvent. Per la maggior parte, il significato di questi eventi è abbastanza intuitivo. Un MouseEvent si verifica quando l'utente fa qualcosa con il mouse, un KeyEvent si verifica quando l'utente preme un tasto e così via. Per ora, ci concentreremo sulla gestione di MouseEvents.

I componenti GUI in Java generano eventi per tipi specifici di azioni utente. Ad esempio, se fai clic con il mouse all'interno di un componente, il componente genera un evento del mouse. Gli oggetti possono chiedere di ricevere gli eventi da uno o più componenti registrando un ascoltatore (listener) con l'origine dell'evento. Ad esempio, per dichiarare che un listener desidera ricevere gli eventi di movimento del mouse di un componente, si richiama il metodo `addMouseMotionListener()` di quel componente, specificando l'oggetto listener come argomento.

Questo è ciò che il nostro esempio sta facendo nel suo costruttore. In questo caso, il componente chiama il proprio metodo `addMouseMotionListener()`, con l'argomento `this`, che significa "Voglio ricevere i miei eventi di movimento del mouse". È così che ci registriamo per ricevere eventi.

Ma come li otteniamo effettivamente? Ecco a cosa servono i due metodi relativi al mouse nella nostra classe. Il metodo `mouseDragged()` viene chiamato automaticamente su un listener per ricevere gli eventi generati quando l'utente trascina il mouse, ovvero sposta il mouse con qualsiasi pulsante cliccato. Il metodo `mouseMoved()` viene chiamato ogni volta che l'utente sposta il mouse sull'area senza fare clic su un pulsante.

In questo caso, abbiamo inserito questi metodi nella nostra classe HelloComponente2 e abbiamo fatto registrare sé stesso come ascoltatore. Questo è del tutto appropriato per il nostro nuovo componente di trascinamento del testo.

Più in generale, una buona progettazione di solito impone che gli ascoltatori di eventi siano implementati come classi di adattatori che forniscono una migliore separazione tra GUI e "logica di business".

Il nostro metodo `mouseMoved()` è noioso: non fa nulla. Ignoriamo i semplici movimenti del mouse e riserviamo la nostra attenzione al trascinamento. `mouseDragged()` ha un po' più di sostanza. Questo metodo viene chiamato ripetutamente dal sistema a finestre per darci aggiornamenti sulla posizione del mouse. Ecco qui:

```
public void mouseDragged(MouseEvent e) {
    // Salvo le coordinate del mouse e
scrive il messaggio
    messaggioX = e.getX();
    messaggioY = e.getY();
    repaint();
}
```

Il primo argomento di `mouseDragged()` è un oggetto MouseEvent che contiene tutte le informazioni di cui abbiamo bisogno su questo evento. Chiediamo a MouseEvent di dirci le coordinate `x` e `y` della posizione corrente del mouse chiamando i suoi metodi `getX()` e `getY()`. Li salviamo nelle variabili di istanza `messaggioX` e `messaggioY` per usarli altrove.

La bellezza del modello di eventi è che devi gestire solo i tipi di eventi che desideri. Se non ti interessano gli eventi della tastiera, semplicemente non registri un ascoltatore per essi; l'utente può digitare tutto quello che vuole e tu non sarai disturbato. Se non ci sono ascoltatori per un particolare tipo di evento, Java non lo genererà nemmeno. Il risultato è che la gestione degli eventi è abbastanza efficiente. Mentre stiamo discutendo di eventi, dovremmo menzionare un'altra piccola aggiunta che abbiamo inserito in HelloJava2:

```
frame.setDefaultCloseOperation(
JFrame.EXIT_ON_CLOSE );
```

Questa riga indica al frame di uscire dall'applicazione quando si fa clic sul pulsante Chiudi. È chiamata operazione di chiusura "predefinita" perché questa operazione, come quasi ogni altra interazione GUI, è governata da eventi. Potremmo registrare un listener di finestre per ricevere una notifica di quando l'utente fa clic sul pulsante Chiudi e intraprende l'azione che ci piace, ma questo metodo di convenienza gestisce i casi comuni.

In questo libro abbiamo usato un approccio non convenzionale per spiegare alcune meraviglie di Java quindi ora sentiti libero di esplorare e creare le tue applicazioni, aiutandoti con qualche ricerca online. Sperimenta, sperimenta, sperimenta!